増補 Withコロナ版

もっと素敵に生きるための前向き言葉大辞典

保健師 青木智恵子 著

黎明書房

はじめに

◆前向きな言葉は、あなたを好印象にし、人間関係もスムーズに◆

この本を開いていただきありがとうございます。

昨今は、コロナ禍《か》・自然災害・生活スタイルの激変など、ストレスもＭＡＸ《マックス》な時代です。ストレスの矛先《ほこさき》として、ＳＮＳ上ではネガティブな言葉が発信され、そのことで傷つく人も出てくるようになりました。

『言葉』は使いようによっては人を傷つけてしまいます。

ネガティブな言葉が口癖になっている人は、無意識に人を傷つけているかもしれません。

しかし一方で**『人の心の傷を癒やすこともできる』**――**それが『言葉』の素晴らしいところ**なのです。

同じ内容でも、ポジティブな言葉・表現をつかって伝えると職場・親子・友達どうしの人間関係がスムーズになり、あなたの印象もグッとよくなります。

本書を使ってどんどんポジティブな語彙《ごい》を増やし、読者の方々が素敵に生きることができますように――そしてほっこりした笑いがおとずれますよう、祈っています。

二〇二一年一〇月

著者　青木智恵子

こんな時にこの１冊！

保護者にお手紙を書く時に
んー。あの子の良い所をどうやって書こうかしら…
保護者に声をかける際に
嬉《うれ》しい！
先生が子どもとの会話の中で
ワーイ
ヤッター

子どもをほめて伸ばしたい時に
がんばるゾー
友達のいいとこ探しをする時に
いいとこあるじゃん
前向きな自分になりたい時に
ホッ
職場や家庭での人間関係をスムーズにしたい時に
OK

魔法の言葉３Ｓ《スリーエス》
会話に取り入れるだけでぐっと心をつかみます
すごーい
すてきー♡
すばらしい！

どんどん使おう♡《ハート》の言葉
ありがとう
よかったネー
大丈夫、大丈夫

便利言葉
6 シックス！
1 ～してくれると嬉《うれ》しいな
2 ～してくれると助かるな
3 お母さんに（先生に）教えてほしいな
4 私は（先生は）好きだな！
5 ○○さんらしいね！
6 私は（先生は）びっくりしたヨー♡

もくじ

＊増補した項目の頁数は，飛んでおります。

【か行】

【は行】

あ行

飽《あ》きっぽい・飽《あ》きやすい

①好奇心旺盛。②たくさんのことに興味があふれるタイプ。③多趣味。④固執しない。⑤ネチネチしていない。⑥気持ちの切り替えがはやい。⑦気持ちを行動にうつすのがはやい。⑧開拓精神が旺盛。

★例「喧嘩《けんか》をしても気持ちの切り替えが早いから、わだかまりを引きずらないタイプだね」

頭が悪い

①別な角度から物事を考えている。②生きる知恵に長《た》けている。③伸びしろが大。伸びしろに可能性を感じる。④素直、正直。⑤新しい発見に満ちあふれている。⑥成長の可能性が多大。⑦努力の素晴らしさを実感できる。⑧工夫する喜びを感じることができる。⑨自分流でマイペース。⑩できない人の気持ちがわかる。⑪ゆっくり一つ一つのみこみながら進んでいる。（ばか参照）

★例「○○さんにわからないことを教えてあげたら、吸収力に満ちあふれていた。伸びる力に驚いたよ！　可能性が無限大だね！」

暴れん坊（乱暴）

①勇《いさ》ましい。活気に満ちあふれている。②やる気満々を体で表現する。③人一倍やんちゃ、元気。体で表現したい気持ちであふれている。④言葉や他の方法での表現よりも先に体で表現することが前面に出てくるタイプ。⑤エネルギー発散の表現を体で表す。⑥いらだちや活気を体で表現するタイプ。ダイナミックな表現が大好きなタイプ。

★例「今度の騎馬戦《きばせん》ではその勇ましさを、思う存分発揮《はっき》してもらえるね」

危なっかしい

①チャレンジ精神が旺盛。冒険意欲に満ちあふれている。②できるかもしれない、という可能性を追求している。③敏速に行動に移すタイプ。

あほ

→ばか 86ページ参照。

→ばか 86ページ参照。

意気地《いくじ》なし

①慎重《しんちょう》派。②石橋を叩《たた》いて渡るタイプ。③熟考タイプ。④危険なことはしない安全思考。⑤いろいろなリスクを予測して時間をかけて吟味するタイプ。⑥熟慮してから行動するタイプ。

★例「○○さんといると、大きな危険を冒《おか》さないから安心だなあ」

意思が弱い（自分がない）

①他人思い。②協調性がある。③我がまま勝手をしない。④自己中心的ではない。⑤周りに合わせることが得意。⑥他人の感情の動きを敏感に感じ取り合わせていく能力がある。⑦本当の大志を抱《いだ》くまでの準備段階。

★例「大勢で物事をすすめる時に、いろいろな意見がぶつかりあったのだけど、

〇〇さんが他と協調してくれて、まるくおさまったの。人のサポート役が上手だったわ」

意地悪《いじわる》

①自分の思いを独特の方法で表現。②相手の嫌《いや》がることを想像できるということは、逆に相手が喜ぶ方法も想像し実行できる素質がある。③相手（他

人〉をとても意識している証拠。④相手に気持ちを伝える方法を模索している途中。【前ページ、マンガ参照】

★例「○○くんは、自分の思いを伝えたくて、○○ちゃんの消しゴムを隠しちゃったのかなあ」

いばる

①統率力・支配力がある。②自分の力を周りに示したい気持ちがあふれている。③自分の特技をアピールすることが上手。

★例「○○さんは歌がうまくて、10曲も披露《ひろう》して力をみせてくれたのよ！」

今、それする時間じゃないでしょ！

①今、それをしたいんだね！【次ページ、マンガ参照】

★例「今、描くことを続けていたいのだね。気持ちはわかるなあ。でも、今、みんなで歌う時間だから、歌でも歌って気分転換してみようよ！」

今、お絵描きの時間じゃないでしょ！
ビクッ
前向き言葉に変身～♥
今、お絵描きしたいんだね。わかるよ～。だけどみんなで歌を歌う時間。
だから歌を歌って気分転換しようヨ！

嫌《いや》だ！

①自我が芽生え、自分をしっかり持っているからこそ、「ほかのことをしたい、自分でやりたい、指図されたくない」という自分の思いを表現できている。②自己主張の一つ。【次ページ、マンガ参照】

★例「この子は何を言っても最近『嫌《いや》だ！嫌だ！』を繰り返すけれど、自我が芽生えてきた証拠なんだね」

イライラする

①自分だったらこうするのに、という想像力・実行力に長けているため、ときおり他人を歯がゆく思う状態。②心の奥にある「不安」「心配」「悲しみ」が表に現れている状態。

★例「自分ができることが多いから、うまくできなさそうな他人を見て歯がゆく感じることができるのだね。他人のことを、自分のことのように考えることができる証拠だね」

嫌《いや》だ！ の応酬《おうしゅう》

陰気《いんき》

①落ち着いた雰囲気。②動じない。③世間に流されない。④周りがざわついていても静かでいられる。⑤物静か。⑥物事を反対から見ることができる。⑦浮《うわ》ついていない。⑧熟慮タイプ。（根暗 参照）

★例「○○さんと一緒にいると落ち着くね。物静かな雰囲気がいいね」

ウザイ

①周りの人をお世話する特技がある。②人のことをよく見て手を出したくなる。③自分のことのように人のことも感じることができ、関わることが得意。④周りの人に積極的に関わりを持とうとするタイプ。⑤根性がある。（うるさい 参照）

★例「○○さんは私のことをたくさん気にかけてくれていて、ありがたいなあ。私にとても興味があるのだなあ」

うそつき

①想像力豊か。②イメージを広げて豊かに話すことが上手。③その場に合わせて空気を読んで態度を変えられる。④言葉を臨機応《りんきおう》変《へん》にあやつれる。言葉で表す能力に長《た》けている。⑤相手が喜ぶことや物事がまるくおさまることを想像する技・言葉を巧《たく》みにあやつる技に長けている。⑥自分を守る言葉の術《すべ》を持っている。

★例「〇〇さんは、その場その場に応じて臨機応変に自分を合わせることができるのだなあ。その人が喜ぶ態度や言葉を選ぶセンスがあるのだなあ」

内気（内向的）

①落ち着いた雰囲気。②自分の内面をよく考えられる。③自分の内面をじっくり見つめているタイプ。④浮つく周りに惑わされない。⑤思慮深い。（陰気・消極的参照）

★例「〇〇さんは自分の内面をよく見つめられる人だなあ。自問自答《じもんじとう》タイプかな？」

うまく話せない

①自分の思いを言葉で表現するのに時間をかけるタイプ。②他者の仲立ちがあるとうまく話せるタイプ。③大勢でいるより、個々でやりとりしたほうがのびのび会話を楽しめるタイプ。（無口参照）

★例「〇〇さんは、グループでいる時より、1対1の場での方がのびのび話せていたよ」

うるさい（騒々しい・やかましい）

①話すことや世話をすることが大好き。②物知りさん。③自分に他人の気をひこうとすることが好きで上手。④賑《にぎ》やかで明るい。明るいムードメーカー。⑤底抜けに明るい。⑥他人をよく意識している。⑦言葉の表現がとても上手。コメント力が旺盛《おうせい》。⑧頭の回転が早くて口から言葉があふれ出す。⑨相手のことをよく想像できる。⑩社交性がある。⑪人に関心が持てる。⑫うるさい人がいることで物静かな人の良さがわかることもある。⑬他者と積極的に関わろうという意欲

うるさいムードメーカーくんの巻

わーっ わーっ
先生ーっ さん太くんがうるさいよーっ
ある日のこと…
今日はさん太くんは風邪で欠席です
〇月〇日
当番
目標
しーーん…
えー。何だか静か…
教室が暗い……
ちょっぴりさみしいなぁ……

が旺盛《おうせい》。（ウザイ参照）【前ページ、マンガ参照】

★例「○○さんがいるだけで場が明るくなる。本当にコメント力がある人ね！素敵なムードメーカーね！」

浮《う》ついている

①色々なことに興味がいっぱいある。②アイディアを色々思いつき、行動に移すのが早い。③楽しいことを思いつくことが

ばつぐんのフットワーク！

上手。④フットワークが軽い。（落ち着かない・落ち着きがない参照）

★例「○○さんは色々楽しいことを見つけ出すのが上手で、フットワークも軽いのね」

臆病《おくびょう》

①とても慎重《しんちょう》派。②物事をよく考える。③謙虚《けんきょ》。④石橋を叩《たた》いて渡るタイプ。⑤じっくり型。⑥大きな危険を冒《おか》さないように超安全思考タイプ。⑦物事の小さな変化にも敏感。⑧安全な方法をよく

臆病《おくびょう》さんは慎重《しんちょう》さんの巻

○○ちゃんって、何でも臆病なのよ
初めてのことに対してとても慎重なのね
じゃあ、まずはすごく簡単なことから始めて
できたことから少しずつステップアップして、何度も経験させて自信をつけさせてあげましょうね
なるへそ

考えるタイプ。（気が弱い（弱気）・小心者参照）【前ページ、マンガ参照】

★例1「○○さんはとても謙虚《けんきょ》な人柄だから、他人のアイディアをとても尊重《そんちょう》できるの」

★例2「○○ちゃんは初めてすることに対してとっても慎重だから、たくさん経験させてあげたいな」

怒りっぽい

①感情表現がストレート。②他人から見て感情の波がわかりやすい。③怒っている対象・物事に対して真剣に思っている証拠。④心の奥に「不安」「心配」「悲しみ」が隠れていることもある。【次ページ、マンガ参照】

★例「お母さんが怒っている時はすぐにわかるね。本当にわかりやすいなあ。怒るってことは、僕《ぼく》のことを真剣に思ってくれている証拠だね」

幼い

→幼稚

107ページ参照。

おしゃべり

①自分の思いを伝えたい気持ちでいっぱ

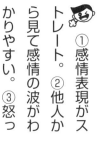

怒ってくれてちょっぴり嬉《うれ》しい？ の巻

い。②自分の感じたことや思っていることを表現することが大好き、得意。③語彙《ごい》が豊富。④頭の回転も言葉の回転も早いタイプ。⑤情報を広めるのがとても上手。⑥誰にでも気軽に情報について詳しく説明できる。
【次ページ、マンガ参照】

★例「○○さんに伝えておけば、数日以内に近所中に広まるでしょう」

おせっかい

①人のお世話をすることが得意。②相手の困ったことに敏感に反応できる。③奉仕の精神にあふれている。④友達の手助けに大変意欲的。

★例「○○さんは周囲への奉仕の精神にあふれていて、とてもお世話が得意です」

遅い

→のろい・のろま 83ページ参照。

落ち着かない

①気になることがたくさん湧《わ》いて出てく

宣伝には抜群！ の巻

手作りで素敵なバッグを作ったわ
ついでにビーズのネックレスも作っちゃった♡
友達に見せたいなあ
でもひけらかすと自慢みたいになっちゃうし……
あら、偶然
最近どう？
近所一《いち》のおしゃべりさん
素敵なネックレスねぇー。あら！手作り？
バッグもお手製なの!?!
そうなの
数日後……
ちょっと〜〜聞いたわヨ〜〜っ
ネックレス作ったんですってえ？
すごいわねー
バッグもでしょ!?
さすがだわ…
おしゃべりさん、恐るべし！

る。②アイディアがあふれてくる。③興味や好奇心《こうきしん》があちこち出てくる。④一つのことに執着しない。⑤物事を広い視野で見ている。⑥行動力がある。⑦目新しい発見をすぐ実行したくなる。⑧やりたいことや可能性を広く考えている。⑨新しい発想がでてきて心が波立っている。⑩抑えられないほど活気がある。（落ち着きがない・集中力がない・集中できない参照）

★例「○○さんは気になることがたくさん出てきて、心が波立っているかもしれませんね」

落ち着きがない

①興味がたくさんある。②好奇心が色々旺盛《おうせい》、好きなこと、うきうきすることがいっぱい。③色々なことに目がいく。④楽しいことを発見するのが早い、得意。⑤気持ちの波がおさまるまで時間がかかるタイプ。⑥自分の可能性を発見しようという才能がある。⑦興味や好きなことをすぐに行動にうつすことができる。

★例「○○くんは、小さな発見を次から

次へとする天才です。興味や好奇心が抑えられないくらい行動力旺盛です。その好奇心をみんなと共有できれば、なお良いですね！」

おとなしい

①全体的に優しい。②言葉や人との関わり方が優しい雰囲気。③自分の表現の仕方が物静か。

★例「○○ちゃんって全体的に物言いが優しい感じです。慣れてきたら、もっと力強い○○ちゃんが見られるかも？？」

悪趣味

①個性的。②ユニーク。③まねできないセンス。④超印象的。⑤目に焼き付く。

★例「キミの服装って超印象的だよ！目に焼き付くことまちがいなし！」

印象派
あの時のセンスは世界レベルだったのか！
あっ○○くんだ!!

オタク

①ひとつのことに精通しているタイプ。
②ひとつのことをとことん追究できるタイプ。
③「通《つう》」！

★例「○○くんは、ひとつのことをどこまでも追究できるから、きっと将来、その道のプロになれると思うよ！」

か行

ガキ大将

①頼りになるタイプ。②統率力がある。③信頼されている。④責任感がある。⑤面倒見が良い。⑥リーダー気質。

★例「〇〇くんって、とっても頼りがいがあって面倒見がいいことで有名よ」

影が薄い（存在感がない）

①自己中心的ではない。②謙虚《けんきょ》な人柄。③横柄《おうへい》でない。④他人や周りに合わすことが上手。⑤名脇役。⑥協調性が秀《ひい》でている。⑦他人を引き立てるのが大変上手。⑧他人のアイディアを活かすことがとても上手。⑨周りに溶け込むことが得意。【次ページ、マンガ参照】

★例1「〇〇さんは本当に名脇役。舞台やドラマでも〇〇さんみたいな存在があってこそ、主人公の深みが実感できるのよね」
★例2「〇〇くんは、周りに溶け込むことがとても得意で、ドッジボールでは最後まで残っていて大活躍したのですよ！」

その子なりの活躍の仕方の巻

がさつ

①大雑把《おおざっぱ》に物事をとらえられる。②細かいことにとらわれない。③キリキリしない。④荒削りな良さを持つ。⑤物事の概要を重視する。⑥物事の大事な事や本質のみ実行していくタイプ。（雑参照）

★例「〇〇くんといると大雑把に物事をすすめてくれるから、小さいことを気にせずにのびのびと仕事ができるわ」

がっかり（した出来事）

①思ってもみなかった展開。②人生の膿《うみ》をちょっぴり出した出来事。③学びが多い意外な出来事。

★例「昨日雨が降るなんて思ってもみなかったのだけど、お陰ですごく珍しいバスに乗れたのよ！　自分でもびっくりしちゃった」

～ができない

①～に挑戦中。②～するための工夫を模索中。（ほとんどできない参照）【次ページ、マンガ参照】

★例「跳び箱で3段も飛べたから、今度は4段に挑戦中なのだ！」

過敏《かびん》

①反応が素早い。②敏感に感じ取る能力に長《た》けている。

★例「○○ちゃんって、本当に反応が早すぎてびっくりしちゃったの」

ガリガリ

→やせている 106ページ参照。

変わっている

→変（な子）94ページ参照。

頑固《がんこ》

①自分をしっかり持っている。②芯が強

「〜ができない」は
「〜に挑戦中！」ってコトデス
ふえーん。3段しか飛べないヨ
前向き言葉に変身〜★
スゴーイ！3段も飛べるの⁉
素晴らしいね！先生でも3段、難しいヨ。4段にチャレンジ中なんだね！

い。③意志を貫く力を持っている。④最後までしっかり成し遂《と》げる力がある。

★例「○○くんは昨日工作でお城の屋根にどうしてもどんぐりをつけたくて、裏の山まで取りに行ったのよ。とても意志の固い子で、ついにお城を完成させたの。感心したわ」

感情の起伏《きふく》が激《はげ》しい

①自分の気持ちを素直に表現できる。②裏表がない。③わかりやすい。④喜怒哀楽の表現が豊か。⑤感情豊か。⑥表情豊か。⑦人間味豊か。⑧気持ちの波の嵐が来ている時。【次ページ、マンガ参照】

★例1「○○さんって、なんて感情表現が豊かなのでしょう。自分の気持ちに素直になれることってうらやましいわ」
★例2「○○くんは、今日気持ちの波が大荒れです。お母さんがその波の安らぎの防波堤《ぼうはてい》になれる存在かもしれませんよ!」

お母さんだけが防波堤《ぼうはてい》!? の巻

☆×△○□…!△□○×□○
○○くんは、今日色々あって、気持ちの波が大荒れです。お母さんだけが安らぎの防波堤になれるかも……

気が変わりやすい

①興味がたくさんある。②自分の好きなことを見つけるのが早くて得意。③実行力がある。④ネチネチしたわだかまりを引きずらない。⑤アイディア豊富。⑥気持ちの切り替えが早い。⑦感情に素直。⑧気持ちに正直。

★例1「○○くんと喧嘩《けんか》しても気持ちの切り替えが早いから、後を引きずらなくて気が楽だわ」
★例2「○○くんは大泣きしたけど気持ちの切り替えが早く、そのあと楽しく遊んでいました」

気が散る・気が散りやすい

→落ち着かない 30ページ・落ち着きがない 32ページ参照。

気が弱い（弱気）

①協調性を重んじるタイプ。②謙虚《けんきょ》な人柄。③たくさんの可能性を熟考できる。④他人のことを気にかけることが得意。⑤母性本能をくすぐるタイプ。

⑥危険を冒《おか》さないように熟慮できるタイプ。⑦石橋を叩《たた》いて渡るタイプ。⑧慎重《しんちょう》派。⑨身の丈《たけ》を考えるタイプ。⑩他人の意志やアイディアを尊重できるタイプ。（内気（内向的）・臆病・小心者参照）

★例「〇〇さんってとっても優しくて、人の和を重要視するタイプね。守ってあげたくなっちゃうわ」

汚い

①潔癖《けっぺき》症にはない良さがある。②独特の雰囲気を持つ。③自分のスタイルを持ち、我が道をいく。④中身で勝負の人。⑤外見にこだわらない。⑥人の目を気にせず過ごす勇気がある。⑦小さいこと、細かいことにこだわらない、気にしない。⑧チャレンジ精神旺盛《おうせい》。

★例「私の部屋って独特の雰囲気があるのよ。小さな汚れは気にしないという感じ！」

協調性がない

①自分を持っている。②芯が強い。③自分の時間を重要視するタイプ。④他人に左右されない。他人に流さ

みんなの作品の巻

私も描きたいなあ…
ぼくひとりでやる！
みんなで作る作品なのにな…
あら♡
すてきな作品になりそうね♡でも、みんなで描き加えるともっとすてきになりそうヨ！
そうかな……
ほら！○○くんの絵がひきたったヨ
ホントダネ…
へへへ
ボクも描いてみていい!?

れない。⑤自分の力を信じることができる。⑥協調しなくても自分でできるという自信を持っている。⑦思いついたことを一人で実行していくタイプ。【前ページ、マンガ参照】

★例「○○くんって、何でも自分でできるという自信を持っていたので、みんなの作品を一人で終わらせようとしていた。そのあとみんなで作る面白さを知って、さらに素晴らしい作品ができあがったことに喜んでいた」

空気が読めない

①我が道をいくタイプ。②自分を持っている。③自分の時間を大事にする。④周囲に流されない。⑤暗い場面でも場の緊張感を解く力がある。⑥失敗や不安を抱かない（感じない）。⑦困難な場面でも困難ととらえず乗り切る精神力がある。⑧周りが助けたくなる。

★例「○○さんって、難しい問題が起っても気にしないでいられるから、うらやましいわ。他人に振り回されないタイプなのね」

臭《くさ》い

ムムっ。
独特の
かおりがっ

①独特の匂《にお》いがする。②普段嗅《か》いだことのない匂いがする。

★例「この服、嗅いだことのないような匂いがするよ！　目が覚める匂いだ！　驚いちゃった」

口が悪い → 毒舌 72ページ参照。

くどい

①丁寧《ていねい》に確認することが得意。②思っていることを口に出して確認することが得意。③わかるまで丁寧に関わってくれるよさがある。④説明する能力に長《た》けている。⑤詳細まであきらめない良さがある。⑥繰り返すことを苦にしない良さを持つ。

★例「○○先輩って、丁寧に繰り返し確認してくれるからありがたいのよね～」

くよくよする

①立ち直るのに時間をかけている。②自分の振り返りを色々な角度からしている。③今後起こることのために過去のことの生かし方を一生懸命考えている途中。（めそめそしている参照）

★例「○○くんはいつまでも木から落ちた時のことを言い続けているけど、今度は落ちないように、どうして落ちちゃったのかとあれこれ振り返り続けている最中なんだね」

ケチ

①時間や物を大事にできる。②時間や物事を最小限の力で最大限に効率よく実行できるように工夫できる。③節約する特技を持つ。④無駄《むだ》がない。

★例「○○くんって、本当に節約上手なの！ 物事に無駄がないのよ！」

喧嘩《けんか》

①自己主張のぶつかりあい。②相手を強く意識している証拠。③喧嘩があって、より良い方法を見つけあうこともできる。

★例「あの二人、大喧嘩したから、より親密にわかりあえたのだね」

喧嘩《けんか》っぱやい

①状況を整理する前に行動に出してしまうタイプ。②自分を振り返る前に行動で表すのが早いタイプ。③友人と積極的に関わろうとする意欲に満ちあふれている。

★例「〇〇さんはイライラ感を行動に移す前に、自分を振り返る時間を少し与えてあげるとよいかもね」

孤独（ひとりぼっち）

①一人の時間を有意義に過ごすことができる。②周囲に流されない。③一人の作業を追究し、得意としている。④他人に流されな

い。⑤よけいな情報をスルーする力がある。⑥自立している。⑦自分を確立している。⑧自分のしたいことに集中している。

★例「〇〇さんは一人の時間を大事にできていて、いつも何かを追究しているみたいなの。自立しているみたいでうらやましいわ」

顔がデカい

①インパクトがある。②遠くから見つけやすい。③団体写真でも発見しやすい。④似顔絵をかきやすい。⑤存在感がある。

★例「〇〇くんはアルバム写真でも見つけやすいわ。存在感があるよね」

髪が薄い →ハゲ 86ページ参照。

①シャンプー節約・節水ができる。②洗顔ついでに頭も洗える。③カット技術がある美容師でも再現できないオンリーワンのヘアスタイル。

★例「顔も頭も一緒に洗えるから、ほんとにらくだよ。わっはっは！」

辛《から》口《くち》（な人・意見）

①パンチがきいている。②するどい指摘。③イエスマンに囲まれている人にとっては目を覚ましてくれる存在。

★例「○○さんの指摘はするどいな。古い体制に一石を投じたね」

加齢 →年寄り・年をとっている 76ページ参照。

①経験値があがっている状態。②知恵の引き出しが増えていく。③人生の達人にどんどん近づいている状態。

★例「○○さんは年を重ねるにつれて知恵の引き出しが増えていくみたいだね。たくさんアドバイスをくれるんだ」

逆境・困難

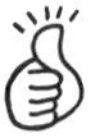

①事実を受けとめて、変えられない状況と変えられる状況をみきわめ、変えられることを変えていけば、大きな成長ができる人生のチャンス。②乗り越えるチカラをみがく絶好の機会。

★例『○○くん、転ばない方法ではなく、転んだときにどう乗り越えるかーということを学んでいくことが大事なんだ』

コロナ禍

①将来、人類の教科書にのるであろう歴史的出来事のまっただ中。②今までの生き方を大きく変える転換期。③未知の生活様式を導入する人類規模の新時代。④趣味・仕事・学校・勉強のしかた・人間関係を整理する時期。

★例「世界全体が新しいライフスタイルになる歴史的転換期にぼくたちはいるんだ。変えていくのは僕たち自身なのだ」

さ行

雑

①おおらか。②細かいことを気にせずに物事の大枠をとらえる力がある。③小さな間違いより大きな本質をとらえるタイプ。④重要なことだけ選《よ》りすぐって物事を運べる素質がある。（がさつ参照）

★例「○○さんと仕事すると、大まかにざっくりと進めてくれるので、気楽でやりやすいわ」

～しかとれなかった・～しかできなかった

①「～もできた」と言い換えることができる。【次ページ、マンガ参照】

★例「65点しかとれなかった」→「65点もとれたのだ、あと35点頑張ればパーフェクトだった」「あと35点の伸び幅がある。可能性が大！頑張ればできるという体験をするチャンスがやってきたね」

自信がない

①慎重《しんちょう》派。②身の丈《たけ》がわかっている。③客観的に自分の力量を評価している。④謙《けん》

テストで65点の巻

どうしよう。テストで65点しかとれなかった…
お母さんに見せるのイヤだな……
勇気を出して怒られること覚悟っ
お母さん、今日のテスト！
すごーいっ♡
65点もとれたの⁉ あと35点でパーフェクトだったのねー♡
わーい
お母さんに見せて良かったなあ
今度は頑張るゾォ〜

うっ
じ、自分にできるのだろうか…⁉

虚《きょ》な人柄。⑤謙遜《けんそん》して使う時もある。⑥理想像（目標）が高い。⑦自信をつけた時の「できた！」という喜びが莫大《ばくだい》。⑧才能が開花するまでの途中経過、過程。（すぐに不安になる参照）【次ページ、マンガ参照】

★例「自分はそのハードルを跳び越えたことがないので、他の人に跳んでもらったほうがうまくいくと思います」

しつこい

①粘り強く頑張ることができる。②あきらめないという強い気持ちがあるということ。③根性がある。④特殊なことに精通する素質がある。⑤集中力がある。⑥達成しようとする意欲にあふれている。（ネチネチしている参照）

じー
しつこく観《み》つづけるのダ！

★例「○○くんは、最後まであきらめないという固い信念が持てる子だ！　なかなか根性があるね」

失敗

①成功する方法を学んでいる途中。②う

乞《こ》うご期待！ の巻

自信がないな…
このハードル、跳んだことない…跳び越えられるかな…
ゴクッ
大丈夫！失敗してもいいから、やってみようよ！
でも…団体競技だし…僕が跳ぶより
友達が跳んだ方が点数が上がるし…
大丈夫！やって後悔するのもやらずに後悔するのも同じなら、やってみようヨ！
そうだ！跳んでみなヨ！
倒れたっていいってば！
どうしよう…
よし！やってみよう！
さてどうなる⁉

まくいくための方法を何通りも工夫している。③できない悔しい気持ちを学んでいる。④できる喜びの気持ちを倍増させる。

⑤できない人の気持ちがわかる。

★例1「○○ちゃんは昨日みんなと同じようにハサミを使えなかったのですが、その代わりになんとかして思い通りの作品を作りたいために、指でちぎり絵にしたのです。すると、何とも言えない素晴らしい作品ができ上がったのです」
★例2「○○くんは成功するための方法を、なんと10通りも考え出す努力家でしたよ」

失敗ばかりしている

①成功するためのチャレンジ精神が旺盛《おうせい》。
（失敗 参照）

★例「○○くんは、鉄棒で前回りができたので、今度は何日もかけて、何度も逆《さか》上《あ》がりにチャレンジ中です！」

～しなさい！

①「～してくれると嬉《うれ》しいなあ」「～してくれると助かるなあ」と言うほうが、実行し

たほうは気持ちが良い場合が多い。命令されると実行したくなくなる。その代わり、実行してくれた時には大げさすぎるくらいに喜びを表現してあげよう。

いいかえて…
してくれると嬉しいなあ♡

死にたい

①強く生きる希望を探している時に発する。「生きたい」の究極の表現。②つらいということを周りにわかってほしい究極の表現。③死ぬほどつらいことを乗り越える人生最大のチャンス。

死にたい＝生きたい!?

★例・子「お母さん、私は死にたいほどつらいの」
母「つらいのね。苦しいのね。よくその気持ちをお母さんに言ってくれたわね。教えてくれてありがとう（うんうん、よしよし……と抱いてあげたり背中をさすってあげるなどする）」
※場合によっては関係機関や病院と連携をはかる必要があります。

自分勝手

①自分を持っている。②自分を強く主張

している。③芯がある。④自分の気持ちに素直。⑤ストレスをためない素質がある。⑥人の意見に左右されない。⑦一人でできる自信を持つ。⑧人に迷惑をかけたくない気持ちの裏返しのこともある。（我がまま参照）

★例「○○さんって、どうしてあんなに自分の気持ちに正直に行動できるのかしら。うらやましいわ」

自分がない

→意思が弱い 16ページ参照。

集中力がない・集中できない

①興味の対象がたくさんある。②好奇心《こうきしん》が旺盛《おうせい》で行動に素早く移すタイプ。③気になることがあふれている。④新しいことを次から次へと見つけていく。（落ち着きがない、落ち着かない参照）

★例「○○ちゃんは、次から次へと興味

「…が湧《わ》いて出てくるタイプなんですね」

消極的

①慎重《しんちょう》派。②じっくり考えてから行動するタイプ。③他人や周りをよく見ることができる。④協調性を重んじる。⑤他人の立場をよく想像できる。⑥他人の考えをうまく受け入れられる。⑦積極的な人を補助するのが大変上手。（内気（内向的）・気が弱い（弱気）・小心者・引っ込み思案 参照）

★例「○○さんはよく周りを見ながら、徐々にゆっくり自分を出していこうと熟慮するタイプです」

小心者

①慎重派。②気が優しい。③石橋を叩《たた》いて渡るタイプ。④大きなリスクを冒《おか》さないよう常に考えている。（内気（内向的）・気が弱い（弱気）・消極的・引っ込み思案 参照）

★例「○○くんは大きなリスクを冒さな

いように、常に配慮している慎重派なのですよ」

神経質

①細かいことによく気がつくタイプ。②デリケート。③きっちり派。④緻密《ちみつ》に物事をすすめられる。⑤細かい作業をする才能がある。

★例「○○さんに目を通してもらうと、細かいことまで気を配ってチェックしてくれるから、ほぼ完璧《かんぺき》に仕上がるわ」

心配性

①慎重《しんちょう》派。②石橋を叩《たた》いて渡るタイプ。③物事のリスクを色々な方面から考えられるタイプ。④先を読むことが上手。⑤予測する想像力に長《た》けている。⑥一つの出来事に対し色々な可能性を考えることができる。（すぐ不安になる参照）

★例「○○さんはリスクをあらゆる方面から予測できるから、先日は予想外に雨天だった時にも助かったのよ」

図々《ずうずう》しい

①積極的な自己アピールができる。②自分の気持ちに素直に行動できる。

★例「この前の○○くんの態度ったら、あんな場面で積極的に自己アピールできているから驚いたわ」

すぐに不安になる（不安）

①色々なリスクを予想、想像する能力に長けている。②危ないことを想像する力があふれている。③過去に起きた危険なことをよく覚えている。④身を守る思いが強い。⑤誰かと一緒に行動することで安心感を得るタイプ。⑥確実派。⑦超安全思考。

（心配性 参照）

★例「○○さんって、過去に起きたことをよく覚えていて、二度と怖い思いをしないように色々想像できる人なの。怖いことに対する想像力に長《た》けているのよ」

ずるい・ずるがしこい

①かしこく世渡りができる。②機転が利

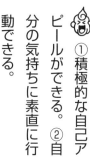

く。③うまく乗りきるための工夫をおもいつくことが上手。④臨機応変力が高い。⑤頭の回転が速い。⑥状況判断がすばやい。

★例「○○くんって、とっても世渡り上手なの。先日も自分の危機をうまく乗り切ったのよ」

ズレている

①○○さんらしい、真《ま》似《ね》できない独特の雰囲気を持っている。②人と違った物の見方ができる。③多角的に物を見ることができる。④その人しか持ち得ない感覚や創造力を持つ。

★例「○○くんの歌声、他の人がなかなか真似できない独特の音色なの！」

責任感がない

→無責任 101ページ参照。

せっかち

→短気 69ページ参照。

騒々《そうぞう》しい

→うるさい 24ページ参照。

存在感がない

→影が薄い 36ページ参照。

自粛時間が増えた

①おこもり生活ができる。②おひとりさま時間を堪能する機会。③わずらわしい人間・友達関係から休めるチャンス。④自分をみつめて今後の人生計画をじっくり立てる絶好の機会。⑤人混みにでなくていい。

★例「自粛期間の間に今までじっくり取り組めなかったプラモデル作りを思う存分やるぞー」
★例「この機会にじっくりこれからの人生設計をしてみようっと」

せまい

①こぢんまりした。②断捨離ですっきりした。③コンパクトな。

★例「○○さんの部屋は、こぢんまりして、落ち着いていていいね」

た行

食べ過ぎ

①食べることが大好き。②食べ物の味わいやありがたみがよくわかるタイプ。

頼りない

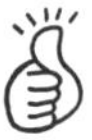

①他者に自分を委《ゆだ》ねるのが上手。②協調性がある。③脇役が上手。④大きな危険を冒《おか》さないように熟慮するタイプ。⑤母性本能をくすぐるタイプ。⑥でしゃばらないタイプ。⑦責任を分散させることが得意。⑧一人で背負い込まないタイプ。⑨周囲に助けを求めることができる。

★例「この前の話し合い、でしゃばりな人が多くて困ったけど、○○さんみたいに他人に委ねることが上手な人がいて助かったわ」

だらしない

①思う存分リラックスしている。②細かいことにこだわらない。③マイペース。④自分のスタイルを確立してい

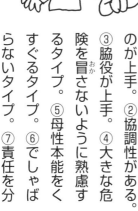

る。（ルーズ参照）

★例「君の格好は、本当に自分スタイルを確立しているなあ！」

短気（せっかち）

①感情表現が豊か。②仕事が早い。③行動力がある。④どんどん実行していきたいタイプ。⑤企画力と行動力が半端ない人。

★例「〇〇さんの仕事はパッパと手早いので助かるわ。即決で判断力抜群なの」

チビ

①小柄《こがら》さん。②かわいらしい俊敏《しゅんびん》タイプ。③すばしっこそう。④コンパクトなタイプ。⑤身軽タイプ。

★例「〇〇くんは俊敏タイプだから、この前のサッカーでも大活躍していたわ。隠れるのが上手なのよ」

疲れている

①頑張り屋さんが頑張りすぎた時に感じ

る症状。②体や心が休養を求めているサイン。③エネルギー充電時期。

★例「わたし、今日はエネルギー充電日なの。体がそう言っているの」

つまらない（暇《ひま》）

①穏やか。②激しい浮き沈みがない。③エネルギー充電期。④休憩・休息の時間。⑤もっと楽しいことを探

穏やかな充電時間だなあ……

している最中。⑥これからの楽しいことのための準備タイム。⑦次の楽しいことが起こるまでの待ち時間。⑧もうひと工夫あればなお良い。⑨平穏無事の真骨頂。

★例「今日は穏やかな休息時間を過ごせるなあ」

冷たい

①冷静。クール。②感情に流されない。③知的な感じ。④感情的にならずに物事をすすめられる。⑤研究・技術者タイプ。

★例「なんて冷静な人なんだろう。感情に流されないから、事務的に緻密《ちみつ》にことが運ぶわ」

できない

10のうち
5できない…
10のうち
5できた！

①他の得意な方法で達成できるように工夫しようとする絶好の機会。②チャレンジ精神を育てる機会。③成長のチャンス。④悔しい気持ちにより、できたときの喜びが倍増する。

★例「昨日はできなかったのに、今日は10のうち5できた。明日は6できるかもしれない。頑張るぞ！」

でしゃばり

①率先して行動できるタイプ。②自分に自信を持って積極的に行動するタイプ。

★例「○○くんは当番ではないのに、率先して雑巾《ぞうきん》がけをしてくれたよ！」

出っ歯《でっぱ》

①きれいな歯がチャームポイント。②インパクトがある歯。③話し上手に見える。④健康的な口元。⑤チュウする時や食べる時の工夫ができる。⑥覚えられやすい口元。

★例「○○さんの歯ってなんて素敵。芸能人は『歯が命』って言うくらいですもの、素敵なチャームポイントを持っているわ」

デブ

→肥満 89ページ参照。

毒舌《どくぜつ》（口が悪い）

①厳しい物言いができる。②冷静に本質を言える。③周囲に流されずに自分の考えを言える。④単刀直《たんとうちょく》入《にゅう》、簡潔に物事を表現できる。⑤物や人を表現するボキャブラリーを豊富に持つ。

友達が少ない

①親友を厳選する目を持っている。②心

地よい居場所（友達）を探すのが上手。③周囲に惑わされない。④自分を持っている。⑤自分を信じる力を持っている。⑥自立している。⑦自分を尊重できている。⑧自分一人の時間を大事にしている。【次ページ、マンガ参照】

★例「○○くんは、本当に気の合う友達を選ぶ目を持っている。大勢に流されないで、居心地のよい場所を探していけるタイプだね」

トラブルメーカー

①チャレンジ精神が旺盛《おうせい》で、次々と行動に移す人。②困った時（何か問題が起こった時）の対処方法を学ぶ機会を与えてくれる人。③周りの人は、物事が大事にいたらないように工夫していく術《すべ》を身につけていくことができる。④トラブルメーカーが何かを起こした時にはその個人が属する集団（家族・クラス等）が成長したり、何かを学ぶチャンスでもある。

★例「○○くんがいると、クラス全体が

ほんとうの友達

ワイ
ワイ
友達ってなんだろう…
多けりゃいいってものなんだろうか…
お前さ、
いっつもひとりだね
……
ふんっ
ひとりが怖《こわ》くないって、
オレ、うらやましいな。お前のこと
えっ
そうだったんだ…

成長するチャンスにめぐまれるんだよね」

とろい

→ のろい・のろま

83ページ参照。

鈍感（鈍い）

①小さいことを気にしない良さがある。②ネチネチ気持ちを引きずらない。③おおらか。④親しみやすい。⑤大きな痛みや苦しみを苦にしない良さもある。

★例「○○くんってとってもおおらかだから、そんな小さなこときっと気にしないよ」

鈍《どん》臭《くさ》い

ゆっくりマイペースです

①おおらか。②ゆったりタイプ。③安心感のあるタイプ。④マイペース型。⑤細かいことにこだわらない。⑥失敗をポジティブに考えることができる。⑦大きな痛みや苦しみを苦にしない良さも持つ。

★例「〇〇くんといると、どんなにつらいことでも大丈夫だと思えてしまうわ。おおらかな気持ちになれるの」

年寄り・年をとっている

①知的経験値にあふれている。②人生の先輩。③イケオジタイプ（イケてるおじさん）。④ダンディー。⑤学びの宝庫。⑥小さなことでも動じない。⑦感情コントロールがうまい。⑧大人の雰囲気。⑨ロマンスグレーな印象。

★例「この前、〇〇さんと久しぶりにお茶したら、話がはずんじゃって！　さすが人生の先輩、学びの宝庫だったよ！」

たいくつ

→つまらない（暇《ひま》）70ページ参照。

①平穏無事な穏やかな時間。②心に余裕がある証拠。③ふだん忙しくてできないことができるとき。

★例「いつもとちがう平穏無事な時間をまんきつできてるなあ～。昔の写真でも整理してみようかなー」

態度がデカい

①自分に自信がもてている証拠。②リーダー的素質がある。③自分の気持ちをストレートに表現するのがうまい。④他人を思いやれる気持ちがプラスされれば無敵になる可能性を秘めている。

★例「○○さんは、いつも堂々としているね。リーダー的素質満点だ」

大変（だ）

①人生が変わる転機が来たサイン。②自分が変えられるビッグチャンス。③うけいれて乗り越えられたら大きく成長できるまたとない機会。

★例「こんなことは初めてだ！　これを乗り越えれば大きく成長できるにちがいない！」

たいへんだ…
のりこえるゾ…
のりこえたら
きっと…!!

な行

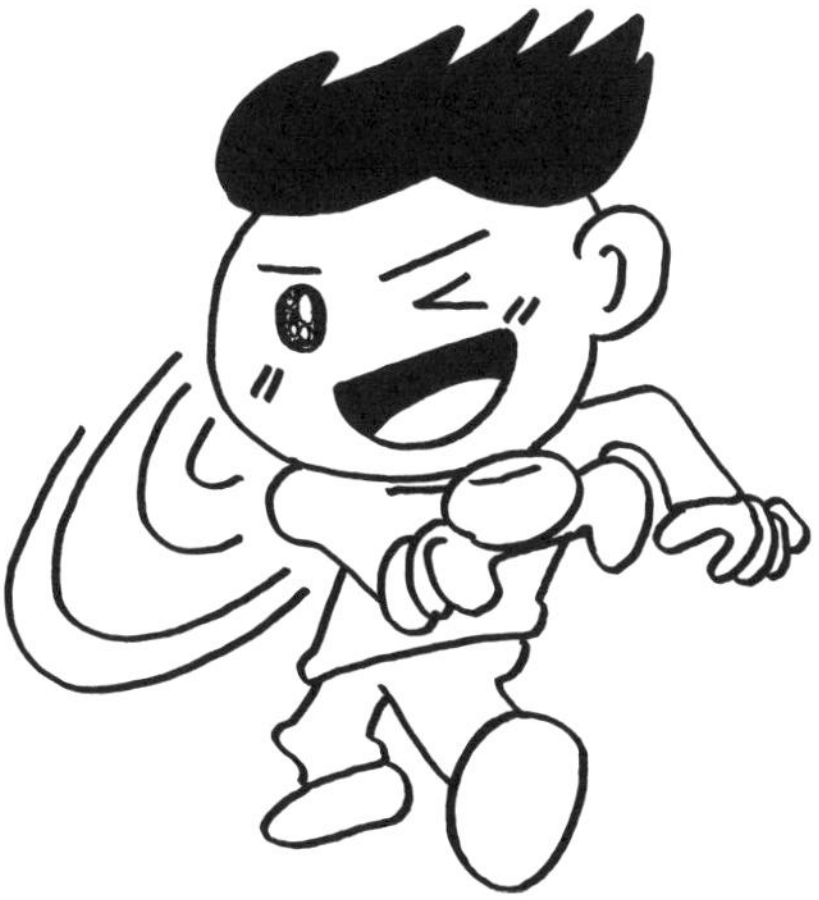

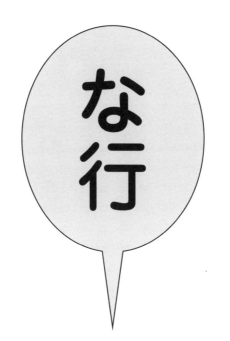

内向的

→内気 23ページ参照。

泣き虫

①感情表現ができている。②自分に素直。③優しい。④他人の痛みもわかる。⑤情に厚い。⑥気持ちを体で表せる。⑦悲しい・悔しい・つらい、を表現するのが上手。⑧自分で自分を癒《いや》す方法（力）を持っている。

★例「○○さんって悲しい気持ちを正直に表現できる人。人間味あふれていて私は好きだなあ」

なじめない

→場になじめない 87ページ参照。

なまけている

①エネルギー充電中。②次の行動に向けて休養中。③熟慮途中。考えを練りこんでいる時期。④体や心の疲れを率直に表せる。⑤心身、思う存分リラックスしている。

★例「○○くんって、いっつもエネルギー充電中みたい。充電された時の爆発力はすごそうね」

ナルシスト

①自分を大事にできる。②自分自身を尊重《そんちょう》し、自分を信じる力がある。③他人に流されない力がある。

★例「○○さんは自分自身を信じて尊重できる人なの。自分を好きになったり、大事にできるということは、他人も好きになったり大事にできるということよね」

鈍い

→ 鈍感 75ページ参照。

根《ね》暗《くら》

①熟慮タイプ。②自分の内面を考えることが好きなタイプ。③落ち着いている。落ち着きがある。浮《うわ》ついていない。④他人に流されない。⑤物事の本質を見ようと頑張っている。⑥物事を違う角度から見ることができる。⑦物事の影の部分を見ることを特技とする。（陰気・内気（内向的）・消極的参照）【次ページ、マンガ参照】

★例「○○さんといると落ち着くわ。浮《うわ》ついていない見方ができる人なの」

根暗《ねくら》の底力《そこぢから》

ネチネチしている

①過去のことを細かく覚えている。②根気強い。③あきらめない力を持っている。④執念がある。（しつこい参照）

★例「あの人はあきらめない力が絶大。記憶力がよいのには脱帽だわ」

のろい・のろま（遅い・とろい）

①じっくり物事を考える。②落ち着きがある。③安心感がある。④浮《うわ》ついていない。⑤惑わされない。⑥慎《しん》重《ちょう》に物事をすすめる。⑦考えながら物事をすすめることができる。⑧自分の納得がいくまで時間をかけて行動をすすめていく。⑨マイペース。自分のペースを守ることができている。⑩ゆっくりタイプ。おっとりしている。⑪周りに流されない。⑫自分のペースで伸びていく。⑬大器晩成型《たいきばんせい》。⑭ゆっくり進んでいる人の気持ちがわかる。

★例「○○くんはとても慎重だね。ボタンのかけ方まで、じっくり納得いくまで考えながら着替えていたよ」

なまいき

①勢いがある。②度胸がある。③人が言えないことも言える。④挑戦力がある。⑤開拓精神が旺盛。⑥ブレないチカラを秘めている。

★例「○○くんは、すごいよ。部長に対しても、自分のアイデアや率直な感想をどんどん言えるものね！」

のんき

①動じない。②こまかいことにこだわらないおおらかさがある。③ゆったりしている。④まわりに流されない。⑤自分のペースがしっかりしている。

★例「○○さんのすごいところは、自分のペースをくずさないところなんだよね。おおらかな雰囲気だから一緒にいても気持ちが楽だよ！」

郵便はがき

料金受取人払郵便

名古屋中局
承　　認

3000

差出有効期間
2022年1月
15日まで

460－8790

413

名古屋市中区
丸の内三丁目6番27号
（EBSビル8階）

黎明書房 行

購入申込書

●ご注文の書籍はお近くの書店よりお届けいたします。ご希望書店名をご記の上ご投函ください。（直接小社へご注文の場合は代金引換にてお届けしま 2500円未満のご注文の場合は送料800円，2500円以上10000円未満の合は送料300円がかかります。〔税10％込〕10000円以上は送料無料。）

（書名）	（定価）　　円	（部数）　　部
（書名）	（定価）　　円	（部数）　　部

ご氏名　　　　　　TEL.

ご住所 〒

ご指定書店名（必ずご記入ください。）	取次・番線印	この欄は書店または小社で記入します。
書店住所		

愛読者カード

—

今後の出版企画の参考にいたしたく存じます。ご記入のうえご投函くださいますようお願いいたします。新刊案内などをお送りいたします。

書名	

本書についてのご感想および出版をご希望される著者とテーマ

※上記のご意見を小社の宣伝物に掲載してもよろしいですか？

□ はい　□ 匿名ならよい　□ いいえ

小社のホームページをご覧になったことはありますか？　□ はい　□ いいえ

※ご記入いただいた個人情報は，ご注文いただいた書籍の配送，お支払い確認等の連絡および当社の刊行物のご案内をお送りするために利用し，その目的以外での利用はいたしません。

ふりがな
ご氏名　　　　年齢　　歳
ご職業　　　　（ 男 ・ 女 ）

〒　　　（　　　）
ご住所
電話

ご購入の書店名		ご購読の新聞・雑誌	新聞（　　　） 雑誌（　　　）

本書ご購入の動機（番号を○で囲んでください。）

1. 新聞広告を見て（新聞名　　　）
2. 雑誌広告を見て（雑誌名　　　）
3. 書評を読んで
4. 人からすすめられて
5. 書店で内容を見て
6. 小社からの案内
7. その他（　　　）

ご協力ありがとうございました。

は行

ばか（あほ）

①自分に素直。正直。②物事の本質を考えたり実行できる素質がある。③学びの多いタイプ。④専門肌。⑤人と違う発想ができる。⑥人ができないことを成し遂《と》げられる可能性を持っている。⑦自分だけの創造力を持っている。⑧親しみやすい。⑨憎まれない。⑩研究者に向いている。⑪大成する可能性を秘めている。⑫人間味豊か。

★例「○○さんって本当に素直で正直で、本質を見られる人だわ！ 一緒にいても裏表がなくてわかりやすいのよ！」

ハゲ

①天然スキンヘッド。②頭皮の手入れがうまい。③素晴らしい頭皮を持つ人。④頭皮が目立ってきれいな人。⑤頭の中身で勝負する。⑥脱帽するほどの個性を持つ。⑦後光《ごこう》が差す。⑧似顔をかきやすい。

★例「校長先生の天然スキンヘッド、超かっこいい!!」

場になじめない（なじめない）

①慎重《しんちょう》派。②よく周りを見てから自分を出していくタイプ。③場の雰囲気をじっくり考えてから行動するタイプ。④新しい場所や出来事にとまどいを感じやすいタイプ。⑤自分の安心な環境をよく考えるタイプ。⑥恥《は》ずかしがり屋さん。⑦自分をきちんと持っている。

★例「○○ちゃんはよーく周りを観察してから、ゆーっくりゆーっくり徐々に自分を出していくタイプなんですよ」

場をわきまえない

①自然にふるまう。②リラックスして自分を出している。③ストレスなくふるまっている。④自分を大事にしている。⑤普段のままの自分を出している。⑥周りの緊張感をとく技を持っている。

★例「険悪なムードも○○くんの自然な態度が緊張感をときほぐしたんだってさ」

引っ込み思案《じあん》

①周りをよく観《み》ている。②協調性がある。③我がまま勝手をしない。④慎重《しんちょう》派。⑤他人の考えをよく受け入れられる。⑥他人の思いを尊重《そんちょう》する。⑦大きな危険を冒《おか》さないように心がける人。⑧積極的な人をサポートするのが上手。⑨名脇役。（消極的参照）

★例「○○さんが名サポート役を担《にな》っていてくれるからこそ、主人公にスポットライトを当てることができたのです」

人見知りする

①安全なところ（母親など）がわかっている証拠。②他人を意識している証拠。③身近な人とのみ強い安心感のある関係を築きたいタイプ（時期）。

ひとりぼっち

→孤独 49ページ参照。

ひねくれている

①人と違った物の見方ができる。②色々

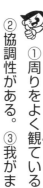

な角度から物事を見ることができる。③独創的。④想像力がある。⑤他人に流されない。⑥自分をしっかり持っている。

そんな見方もできるのね

★「あの人はどうしてそんなに、多角的に物事をとらえられるのだろう。自分には思いつかない発想だった」

暇《ひま》

→ つまらない 70ページ参照。

肥満（デブ・太っている）

①ぽっちゃりさん。②安心感のある体型、身長に対し体重の割合が多めの人。③癒《いや》される体型。④お肉の貯金が上手すぎる。⑤社長さん体型。⑥ゆったりした雰囲気。⑦ゆったりサイズが似合う。⑧ふくよか。

★例「○○さんの体型は癒されるタイプね。すごく安心感があるの」

貧乏

①物を大事にできる。②節約の工夫を思いつくことができる。③お金のありがたみがわかる。④物や形のないものの大事さを感じることができる。⑤お金がない人の気持ちがわかり、工夫する力・生活の知恵を身につけることができる。⑥弱者の立場がわかる。

お金では買えないものの大事さがわかるの

★例「うちは節約にかけては抜群。そして、お金で買えないもののありがたみや素晴らしさがわかるのよ」

不安

→すぐに不安になる 63ページ参照。

不器用《ぶきよう》

①器用な人にはわからない工夫を思いつくことができる。②器用になりたいと思うことで、努力の素晴らしさや、他の方法を創造することができる。③一生懸命に物事をすすめることができる。④一生懸命に取り組む意欲が育つ。【次ページ、マンガ参照】

どうやってやろう!

不器用《ぶきよう》の底力《そこぢから》

★例「○○さんって、この仕事を終えるまで何時間もかかったの。そしてとうとうできる技を10通りも考え出したのよ！」

老《ふ》けている

①大人びている。②生きる知恵を身につけている。③若い時には得られない（感じることができない）経験値や知恵を持つ。④その年齢にしかない味わいを持っている。⑤開拓してきた先人。先輩。⑥年季が入っている。⑦深い味わいを持つ。⑧人間性にあふれている。⑨百戦錬磨《れんま》の技を持つ。

★例「会長さんはこれまで色々経験され、たくさんの知恵を持っている」

ぶさいく・ブス

ぬおっ。
伸びしろの
可能性
大《だい》っ

①伸びしろ・伸び幅が多い。②可能性が莫大《ばくだい》。③自分の可能性をとことん追求する余地がある。④個性

的。⑤親しみやすい。⑥とっつきやすい。⑦中身で勝負できる。⑧ユニークな外見。⑨愛《あい》嬌《きょう》がある。⑩印象的な見た目を持つ。

★例「○○ちゃんって、すごく愛嬌がある雰囲気なの！」

ふざける

①おどけるなどしてその場を和《なご》ませたり緊張感をといてくれる。②場や物事を明るく楽しくしてくれる。③困難で苦しい場面でも乗り切る力を持っている。

★例「○○くんがおどけてくれたので、リラックスした雰囲気で仕事がすすんだの」

太っている

→肥満 89ページ参照。

不真面目《ふまじめ》

①おおらか。②気楽に物事をすすめることができる才能を持つ。③後をひかない。④リラックスできている。⑤ストレスをためないように工夫し

ている。⑥自分も他人も許すことができる。

★例「○○さんと仕事をすすめると気楽にできるの。すごく適当なところがまた良くて、気楽に明るくすすめられるのよ～。『いい加減』は『良い加減』って聞いたこともあるわよ」

下手《へた》（下手な絵等）

①稀《まれ》に見る個性を持つ。②自分をしっかり持っているのが感じられる。③独創的。④ユニーク。⑤計り知れない可能性を秘めている。⑥一生懸命な気持ちが伝わってくる。⑦人と違った見方（やり方）ができる。⑧上手になりたいという意欲を持てる。⑨成長のチャンス。⑩伸びしろ・伸び幅が多大。⑪物事の多くは最初から上手な人はいないので、誰もが通る道でもある。

★例「あなたの絵はとても個性的で、発想が素晴らしいね。一生懸命さが伝わってくるよ。私はとても好き」

変（な子）

①個性豊か。②ユニーク。③独創的・創造的なことができる。④自分流が得意。⑤他

人に流されない。⑥発想が素敵。

★例「先生には（お母さんには）真似《まね》できないことが、きみにはできるね。天才の素質を持っているね」

ほとんどできない（～しかできない）

①ちょっとはできる。【次ページ、マンガ参照】

★例1・子「5個しか積めないよ！」
大人「5個も積めたのー？　すごーい！」

★例2・Aさん「ほとんど死んだも同然だよ……」
Bさん「ちょっとは生きているんだな！　大丈夫だあ！」

ぼんやりしている・ぼーっとしている

①感情の起伏《きふく》を表に出さないタイプ。②温厚。温和。③考えをまとめている途中。④気力のエネルギー充電中。

★例「○○さんは最近気力のエネルギー充電中なのかしら……」

同じ積み木の数でもの巻

偏食

①グルメさん。②舌がこえている。③味の違いがわかる。④味の小さな変化にも気づける。

★例「○○くんは、舌がこえてるねえ。味の違いがわかる達人。今度そのコツ、教えてほしいな～」

へりくつ（を言う人）

①論理的。②分析上手。③物事をとことん考える。④いろいろな角度から話せる。

★例「○○くんは、いろいろな表現で、

なおかつ、たくさんの理由を考えられる天才だと思う！」

ビビり

①繊細な心の持ち主。②弱い人の気持ちがわかる優しいしるし。③物事を深く注意深く考え込むことができる。④危険なことを避ける能力に長けている。⑤慎重派。

★例「○○さんは、とても繊細なのだね。だから他人の感情にも敏感で、その感覚を活かした仕事につけば、きっと才能が開花すると思うよ！」

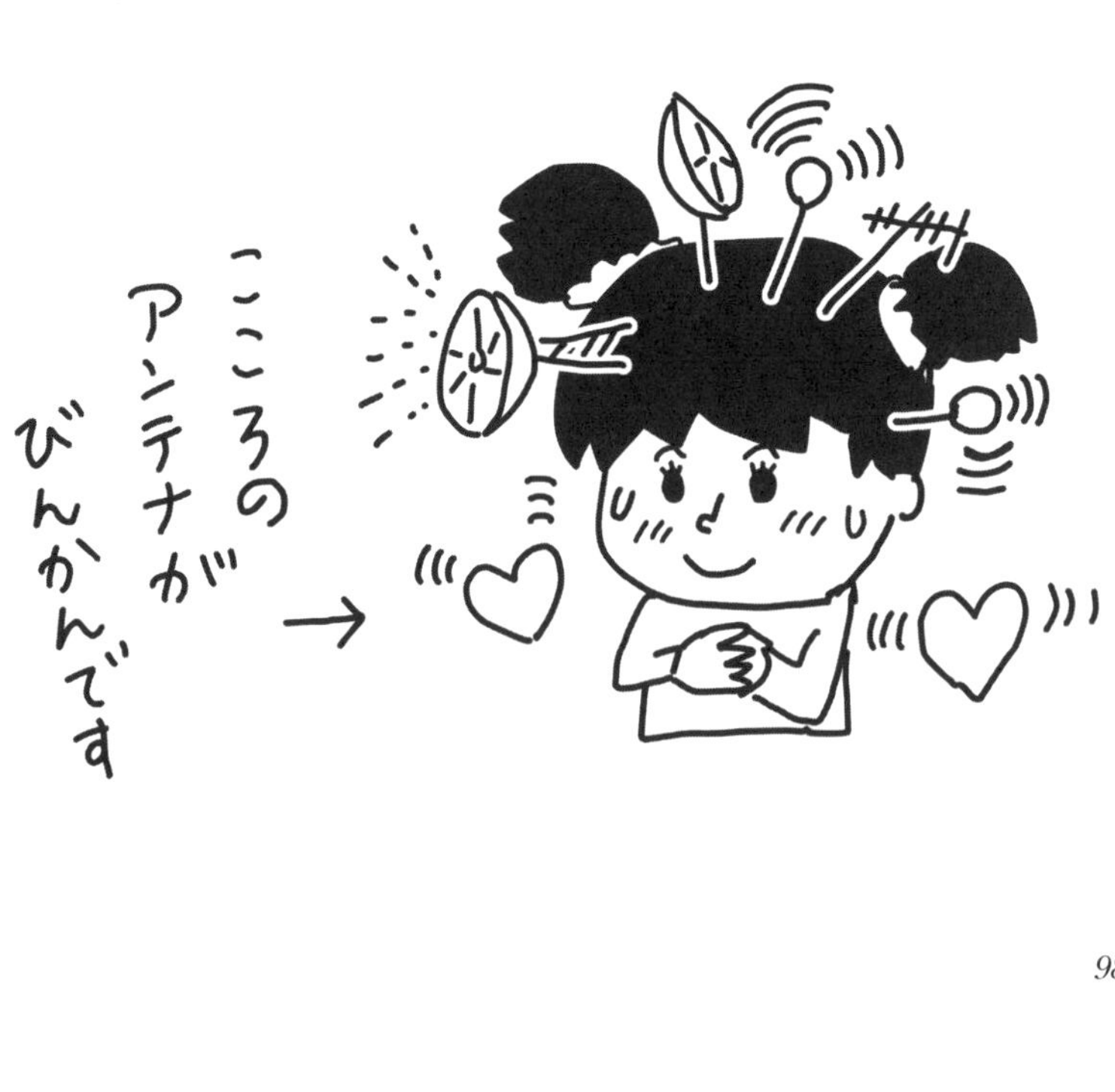
こころのアンテナがびんかんです

ま行

まぬけ

①正直。素直。②計算高くない。③親しみやすい。④細かいことにこだわらない。⑤ホッとさせる存在。⑥人間味あふれる。

★例「きみってどうしてそんなに素直なのだろう。裏がないからホッとできるよ」

無気力

①エネルギー充電中。②他の関心事を探索中。③気力を貯《た》めている時。④ひと休み中。

★例「あの人は今、気力の充電中ね」

無口

①熟考型。②軽はずみな言動を控えるタイプ。③頭で色々考えるタイプ。④言葉を吸収して考えることが大好きで、話すことは二の次、というタイプ。

⑤慎重《しんちょう》派。⑥言葉での表現を画策中。⑦表情やしぐさで気持ちを伝えるタイプ。⑧不言実行タイプ。⑨言葉にできないくらいの深い思いやりを持つ人もいる。

★例1「○○くんは頭の中でいっぱい今、言葉を吸収して整理している最中なんだね。」
★例2「○○くんが、昨日黙ってハンカチを差し出してくれたの。私、その気持ちが嬉《うれ》しくて、嬉し涙を拭《ふ》くことになっちゃったわ」

無責任（責任感がない）

①おおらか。②後をひかない。③他人に譲《ゆず》るのが上手なタイプ。④ネチネチしていない。⑤他人の失敗も許せる素質を持つ。⑥他のことに行動をうつすのが早い。⑦一人だけで背負いこまないタイプ。⑧他者と一緒に（他者を巻き込んで）上手に考えていけるタイプ。⑨集団で達成したい物事がある時、個人個人のすべきことの力配分を他人に上手に采配《さいはい》できることもある。

★例「私は責任を一人で背負いこまないタイプだから、他人のアイディアを生かせる素質があるよ」

めそめそしている

①立ち直るのに時間をかけている。②混乱した気持ちをゆっくり整理している。③次のステップのために心の整理をしている。（くよくよする 参照）

★例「〇〇ちゃんって、喧嘩《けんか》をして長い時間めそめそしていたけど、自分のしたことを整理して解決方法を考えていたんだね。さっき自分からあやまっていたよ！」

目つきが悪い

①独特の目力《めぢから》がある。②個性ある見方をする。

★例「〇〇くんは独特の目力で周囲を驚かせることがあるなあ」

面倒くさいこと

①とても手間をかける価値がある物事。②手間をかけて解決していく中で成長していくことが多い。③小さい努力を積み重ねていくプロセス。④大きな成功へのたくさんの小

さなステップ。【104ページ、マンガ参照】

★例「昨日依頼された仕事は、手間をかけただけいいものになっていくであろう」

マスク生活

①目力で勝負できる。②鼻から下のお手入れ要らず。③口元に自身がなくても隠せる。④マスクファッションを楽しめる。⑤鼻水・よだれがばれない。⑥飛沫を飛ばさない・飛沫を防御できる。

★例「マスクも慣れたら案外良いものだね。だって鼻から下が隠せるもんね〜」

面倒くさいこと

早く
やっちゃいなさい
めんどくさーい！
宿題
です
めんどくさーい
君《きみ》、
報告書
作っておいて
ハーイ
面倒くさい
なあ……
でも、
よく
考えて
みたら……
世の中、
面倒くさいことの
積み重ねなの
だな……

や行

やかましい

→うるさい 24ページ参照。

やせている（ガリガリ）

①超スレンダー、身軽な体型、スーパーモデル体型、きゃしゃ。②よけいなお肉がついていない体。③燃費の良い体。

★例「○○さんは超スレンダーで燃費の良い体つきなの。うらやましいわ」

優柔不断《ゆうじゅうふだん》

①穏便。②よく考えることが得意。③熟考タイプ。④浮ついてとびつかないタイプ。⑤色々な角度から物事を考えるタイプ。⑥色々な可能性を思いついて考えることができる。⑦大きなリスクを冒《おか》さないように熟慮するタイプ。

★例「○○さんは熟考タイプだから、大きな危険を冒さない安心感があるのよ」

幼稚《ようち》（幼い）

①素直。②子どものようなきれいな心を持ち続けている。③物事の本質だけを追うことができている。④のびのびとマイペースを保っている。⑤母性本能をくすぐるタイプ。⑥癒《いや》される存在。⑦愛嬌《あいきょう》がある。⑧親しみやすい。⑨周りからの知識を色眼鏡なく吸収できる素質を持っている。

★例「〇〇さんは子どものようなきれいな心を持ち続けられる人なの。あどけない雰囲気が、親しみやすさにつながって

いるのかしらね」

要領が悪い

①じっくり色々な方法を考えながら行動していくタイプ。②物事をすすめる工夫や方法を熟慮していくタイプ。③確実な方法を考えるタイプ。

★例「〇〇くんって確実な方法をじっくり考えていくタイプだね。一生懸命さも伝わってくるよ」

弱気

→ 気が弱い 43ページ参照。

弱虫

①自分の気持ちに正直。②慎重《しんちょう》派。③危険を冒《おか》さないように物事をすすめていくタイプ。④弱い人・できない人の気持ちに寄り添える。【次ページ、マンガ参照】

★例「小さい頃から弱者の立場を感じ取れる子どもだったんだ。だから、今になってこんなに本当の強さとは何かを実感できるようになれたのさ」

安っぽい

①リーズナブルな。②お手頃な。③コスパ最強の。④カジュアル感まんまん。

★例「この旅行、お手頃感があって、うれしいね。こういう旅もいいもんだね」

弱虫，毛虫

僕、小さい頃から「弱虫、毛虫」というあだ名で…
よくいじめられていたんですよ
お陰様で毛虫が大嫌いになっちまいまして
毛虫ヤーイ
ヤーイ
毛虫の撃退《げきたい》方法を研究しているうちになんと会社を起こしまして
毛虫
撃退!!
今では大企業になっているんですよお

融通がきかない

①意志がつよい。②芯がある。③ぶれてない。④自分を持っている。⑤まわりに流されない。

★例「○○さんはこうと決めたらぶれないねえ。意志が強くて芯がある！」

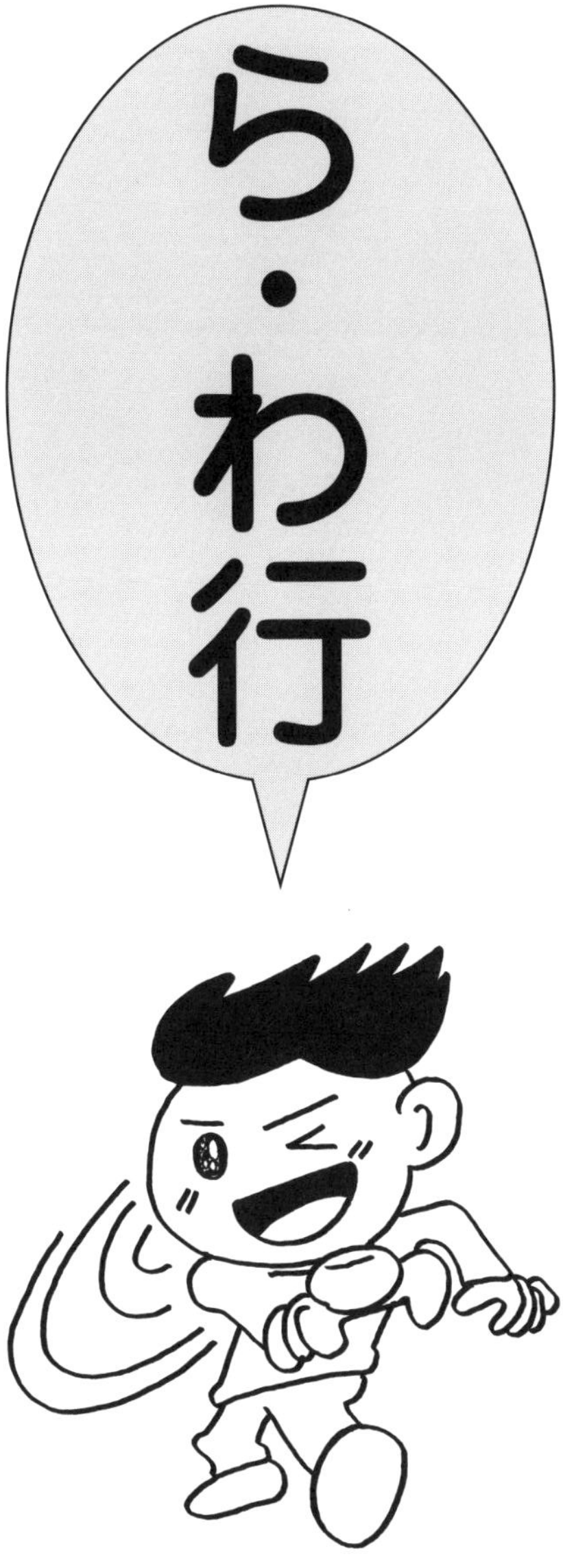
ら・わ行

乱暴→**暴れん坊**15ページ参照。

ルーズ

①自分のペースを大事にする。②おおらか。③細かいことにこだわらない。④キリキリしない。⑤ゆったりしている。⑥ルーズな人は、他人のルーズさも許容できる素質がある。（**だらしない**参照）

★例「○○さんは締切《しめきり》にうるさくないから、のびのびと仕事をすすめられるのよ」

ルール違反

①他の人が思いつかないような独自の方法で実行している。②掟《おきて》破りな技を実行する特技がある。③自分流ルールを実行すること。【次ページ、マンガ参照】

★例・子「お母さん、そこの石から落ちたら地獄《じごく》っていうルールだよ。地獄に落ちないように渡らないとだめなんだ」
母「なんじゃ、そのルールは！（笑）」
子「僕が作ったんだ」

我がまま

①自分に素直。自分に正直。②自己主張

地獄《じごく》のルールの巻

できるタイプ。自己主張が強くできる。③我が道をゆくタイプ。④他人に流されない。⑤周囲が気づかないほど大変意欲を持っている。⑥自分の信念がある。⑦芯がしっかりしている。⑧自分を持っているタイプ。⑨自分流が得意。⑩自分を信じる力がある。

★例「きみって本当に自分というものをしっかり持っている人だね。自分を信じる力に満ちあふれているなあ。素敵な自己流だ」

忘れやすい・忘れっぽい・忘れ物が多い

①後をひかない。②おおらか。③人の失敗や自分の嫌《いや》な出来事も忘れてくれやすい。④忘れた時に乗り切る方法をたくさん工夫できる。⑤忘れた時の乗り切り術に長《た》けている。

【次ページ、マンガ参照】

★例1「○○ちゃんは忘れ物をした時、先生に『貸してください』って言えたのです。人は誰でも忘れ物をしますが、大事なのは忘れた時にどう乗り切るかです。○○ちゃんは今日それを学びました」

やさしい物忘れの巻

失礼します!!
先生、お久しぶりです
おーっ。よく来たね
久しぶりだねえ
以前会った時はお恥《は》ずかしいことばかりしてしまい…
本当に思い出すのもつらいくらいお恥ずかしい限りでした…
……
フム
いやあ、僕《ぼく》、忘れっぽいんで……
何かありましたっけ?
先生……
ありがと
おやさしい…!

★例2「〇〇さんは忘れ物をした時に、それがなくてもできる方法を一生懸命工夫していました」
★例3「〇〇さんはわだかまりもすぐに忘れてくれるので、付き合いやすいのです」

悪ガキ

①いたずらを思いつく天才。②工夫や技を駆使《くし》して自分の希望をかなえようとする想像力と実行力がある。

★例「あの子はいたずらを思いつく天才だ。この発想力が世のため人のために使われたら、なんと素晴らしいことだろう」

リモート（授業・会議）

①上半身だけ整えればＯＫ。②人混みに出なくてよい。③わずらわしい友達に会わなくてすむ。④交通時間の節約。⑤こっそり飲み食いができる。

★例「リモートもいいものね。見えるところだけととのえればいいものね！　遠くの人にも会えるし……」

著者

青木智恵子

複数のペンネームを持ち，著書20冊以上。青木智恵子著『イライラ・不安が消える！疲れたこころとからだの休め方』（自由国民社），『ぎゃくたい（虐待）ってなあに』・『ウツ戦記』（金剛出版），『増補 車椅子やベッドの上でも楽しめる子どものためのふれあい遊び55』（黎明書房），有島サトエ著『マンガでわかるどんなウツも，絶対よくなるラクになる！』（すばる舎）など。

国家資格（医療）複数あり。自治体の保健師・病棟看護師・大学非常勤講師などの勤務歴（兼務含む）約10年。日本子ども虐待医学会会員。ヨガインストラクター（シニア・キッズ・リラックス）他，民間資格複数あり。

クリエーター名：メディカルくん（MedicalKUN）として，LINEスタンプ130種以上製作（例：闘病生活・発達障害・視覚過敏・読字障害のかたに使いやすいもの・アドラー心理学を応用したもの・手話する動く動物・SNSカウンセリングカスタムなど）

同名でイラスト販売サイトPIXTAにて，感覚統合・乳幼児発達・虐待・医療・保健・福祉・介護・看護に関するイラスト制作。

（QRコードを読み取ると閲覧できます）

＊カバー・本文イラスト：青木智恵子

増補《ぞうほ》 With《ウィズ》 コロナ版《ばん》　もっと素敵《すてき》に生《い》きるための前向《まえむ》き言葉大辞典《ことばだいじてん》

2021年11月15日　初版発行

著　者　青《あお》　木《き》　智《ち》恵《え》子《こ》

発行者　武　馬　久仁裕

印　刷　株式会社太洋社

製　本　株式会社太洋社

発行所　株式会社　黎《れい》　明《めい》　書《しょ》　房《ぼう》

〒460-0002　名古屋市中区丸の内3-6-27　EBSビル　☎052-962-3045

FAX 052-951-9065　振替・00880-1-59001

〒101-0047　東京連絡所・千代田区内神田1-4-9　松苗ビル4階

☎03-3268-3470

落丁本・乱丁本はお取替します。　ISBN978-4-654-02360-8